www.ingramcontent.com/pod-product-compliance
Lightning Source LLC
LaVergne TN
LVHW071708180726
843512LV00002B/590

الدّيك المُخادِع

تأليف : مهند العاقوص

رسم : ديالا برصلي

الغُراب: «عاااااق... عااااق... عاااق».

الدّيك: «كَفاكَ نَعيقًا أَيُّها الغُراب! أُريدُ أَنْ أَنام».

الغُراب: «عاااااق... تَنام؟ هاها هَلْ أَنْتَ ديكٌ أَمْ صوصٌ صَغير؟ ما زالَ الوَقْتُ باكِرًا».

الدّيك: «أنا ديكٌ نَشيطٌ أَيُّها الغُرابُ الكَسول، وَلَدَيَّ أَعْمالٌ كَثيرَةٌ أقومُ بِها في الصَّباحِ الباكِر».

الغُراب: «أَنْتَ مِسكينٌ أَيُّها الدّيك... تَعْمَلُ كَثيرًا لكِنَّكَ لا تَجِدُ مَنْ يُقَدِّرُ عَمَلَك».

الدّيك: «أَنْتَ مُخْطِئٌ، فَأَنا أَعْمَلُ بِأَجْرٍ جَيِّد. أمّا أَنْتَ فَلا عَمَلَ لَدَيْكَ وَلا أَجْر».

الغُراب: «هاها ها وَهَلْ تُسَمّي بِضْعَ حَبّاتٍ مِنَ القَمْحِ أَجْرًا؟!».

الدّيك: «اِرْحَلْ مِنْ هُنا قَبْلَ أَنْ أغْضَب!».

الغُراب: «لا تَغْضَبْ أَيُّها الدّيكُ العَجوز... هي هي، تُصْبِحُ عَلى خَيْرٍ يا عَزيزي».

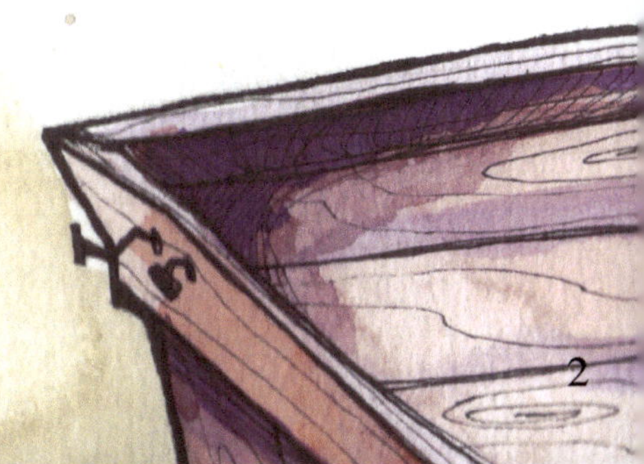

الدّيك: «أَيْنَ العَدْل؟ أَيْنَ الرَّحْمَة؟ أَيْنَ حُقوقُ الحَيَوان؟؟؟».

الجَدَّة: «ماذا حَلَّ بِكَ أَيُّها الدّيكُ الثَّوثار؟! أَجُنِنْت؟ لِمَ كُلُّ هذا الصُّراخ؟».

الدّيك: «أَسْتَيْقِظُ باكِرًا... أَصيحُ كَساعةٍ رَنّانة... لَوْلايَ لَما حَصَدَ فَلّاحٌ وَلا عَمِلَ عامِلٌ...».

الجَدَّة: «كَفاكَ غُرورًا وَتَباهِيًا... ما هي طَلَباتُك؟».

الدّيك: «أَطْلُبُ العَدْلَ والمُساواةَ وإلّا فَلَنْ تَسْمَعوا صَوْتي الجَميلَ بَعْدَ الآن...».

الجَدَّة: «أها... وَمَنْ قال إنَّ صَوْتَكَ جَميل؟».

الدّيك: «هَلْ تَقْصِدينَ أنَّ صَوْتي لَيْسَ جَميلًا؟».

الجَدَّة: «لَمْ أَقُلْ ذَلِك... فَصَوْتُكَ مُمَيَّزٌ لَكِنَّهُ لَيَسَ جَميلًا كَصَوْتِ العَصافير».

الدّيك: «أَنْتِ لا تَعْرِفينَ شَيئًا... اِسْأَلي الغُراب».

الغُراب: «في الحَقيقَةِ صَوْتُهُ مِنْ أَجْمَلِ الأَصواتِ بَيْنَ الطُّيورِ وَهو مَظْلومٌ وَمِسْكين».

الجَدَّة: «لا تَسْتَمِعْ إِلَيْهِ، إِنَّهُ يَخْدَعُك».

الغُراب: «بَلْ أنا أُحِبُّكَ يا صَديقي، فَنَحْنُ مِنْ فَصيلَةٍ واحِدَة... فَصيلَةِ الطُّيور».

الجَدَّة: «حَسَنًا... ما هي طَلَباتُك؟».

الدّيك: «أُريدُ كَمِّيَّةً أَكْبَرَ مِنَ القَمَح».

الجَدَّة: «لَكِنَّني أُوَزِّعُ القَمْحَ بِالتَّساوي بَيْنَكَ وَبَيْنَ الدَّجاجات!».

الغُراب: «لَكِنَّ العَدْلَ أَنْ يَنالَ الدّيكُ ضِعْفَ ما تَنالُهُ الدّجاجَة».

الدّيك: «نَعَم، هذا صَحيح... فَأَنا أَقومُ بِجَهْدٍ أَكْبَر».

الجَدَّة: «همممْ حَسَنًا... سَأُوَزِّعُ القَمْحَ حَسَبَ الإنْتاج... فَالطَّيرُ الَّذي يَضَعُ بَيْضًا أَكْثَرَ يَنالُ كَمِّيَّةً أَكْبَرَ مِنَ القَمْح».

الدّيك: «حَسَنًا أنا مُوافِق».

الدّيك: «هيهْ أَنْتِ أَيَّتُها الدَّجاجَة!».

الدَّجاجَةُ الطَّويلَة: «ماذا تُريدُ يا صاحِبَ العُرْفِ الأَحْمَر؟».

الدّيك: «أُريدُ مِنْكِ أَنْ تُعَلِّميني كَيْفَ أَبيض».

الدَّجاجَةُ الطَّويلَة: «هذا عَمَلٌ سَهْل... كُلّ ما عَلَيْكَ فِعْلُهُ أَنْ تَنام... وَفي الصَّباحِ الباكِرِ سَتَجِدُ تَحْتَكَ بَيْضَة».

الدّيك: «هَلْ تَسْخَرينَ مِنّي؟؟؟ أَفْعَلُ ذَلِكَ كُلَّ يَوْمٍ وَلَمْ يَسْبِقْ أَنْ وَضَعْتُ بَيْضَةً واحِدَة».

الدَّجاجَةُ الطَّويلَة: «لا تَغْضَب! كُنْتُ أُمازِحُك... في الحَقيقَةِ كَيْ تَبيضَ يَجِبُ أَنْ تَعْرِفَ السِّرّ».

الدّيك: «قولي بِسُرْعَة... ما هو السِّرّ؟».

الدَّجاجَةُ الطَّويلَة: «لَنْ أبوحَ لَكَ بِالسِّرِّ حَتّى تُعْطيني هذا العُرْفَ الأَحْمَرَ الجَميلَ الَّذي يَعْلو رَأْسَك».

الدّيك: «هِمممم... حَسَنًا اِقْتَرِبي لِأَضَعَ العُرْفَ عَلى رَأْسِك».

الدَّجاجَةُ الطَّويلَة: «أنا جاهِزَة».

الدّيك: «خُذي هذه النَّقْرَةَ عَلى رَأْسِك... وَهذه... وَهذه أَيْضًا».

الدَّجاجَةُ الطَّويلَة: «آآآآخخخخخخ.... أيييييييي.... أوووووووو».

الدّيك: «كَمْ أَنْتِ جَميلَةٌ أَيَّتُها الدَّجاجَةُ الحَمْراء!».

الدَّجاجَةُ الحَمْراء: «هاها... أَشْعَرْتَني بِالخَجَل... شُكْرًا».

الدَّيك: «هَلْ تَسْتَطيعينَ تَدْريبي عَلَى وَضْعِ البَيْض؟».

الدَّجاجَةُ الحَمْراء: «بِالطَّبْع! خُذْ نَفَسًا عَميقًا هَكَذا... ثمَّ اِرْفَعْ رَقَبَتَكَ هَكَذا... وَاعْصِرْ نَفْسَك حَتّى تَضَعَ بَيْضَةً طازَجَةً كَهَذِه».

الدّيك: «أووووه... هذا عَمَلٌ صَعْب... لَقَدْ فَشِلْت».

الدَّجاجَةُ الحَمْراء: «أَنْتَ تَحْتاجُ إلى تَدْريبٍ لِساعاتٍ عَديدَة».

الدّيك: «حَسَنًا! دَعينا نَبْدَأُ التَّدْريبَ يا سَيِّدَةَ الدَّجاجات».

الدَّجاجَةُ الحَمْراء: «سَأُدَرِّبُكَ إذا أَعْطَيْتَني صَوْتَكَ الرَّنّان».

الدّيك: «صَوْتي؟ حَسَنًا أنا مُوافِق... اِفْتَحي فَمَكِ لِأُعْطِيَكِ صَوْتي».

الدَّجاجَةُ الحَمْراء: «ها قَدْ فَتَحْتُهُ جَيِّدًا».

الدّيك: «خُذي هذه العَضَّة! إِهِم».

الدَّجاجَةُ الحَمْراء: «آآآآآه لِسانيييييييي!».

الدّيك: «مَرْحَبًا أَيَّتُها الدَّجاجَةُ السَّمينَة».

الدَّجاجَة: «أَهْلًا يا ديكَنا يا حامينا».

الدّيك: «أُريدُ بَعْضَ الدُّروسِ الخُصوصِيَّة».

الدَّجاجَة: «دُروسٌ خُصوصِيَّة؟! لَكِنَّني لَسْتُ مُعَلِّمَة».

الدّيك: «أَعْلَمُ أَنَّكِ دَجاجَةٌ جاهِلَة... لَكِنَّني أُريدُ تَعَلُّمَ وَضْعِ البَيْض».

الدَّجاجَة: «عَلَيْكَ أَنْ تَرْقُدَ فَوْقَ القَشِّ الدّافِئ».

الدّيك: «فَعَلْتُ ذَلِكَ مَرّاتٍ عَديدَةً وَلَمْ أَنْجَح».

الدَّجاجَة: «ما رَأْيُكَ في أَنْ تُعْطِيني مِنْقارَك، فَأُعْطيكَ كُلَّ يَوْمٍ بَيْضَة؟!».

الدّيك: «مِنْقاري؟ هذا حَلٌّ رائِعٌ! أَغْمِضي عَيْنَيْكِ لِنَتَبادَلَ المَناقير».

الدَّجاجَة: «ها قَدْ فَعَلْت».

الدّيك: «خُذي مِنْقاري! خُذي مِنْقاري... خُذي مِنْقاري».

الدَّجاجَة: «أي... آآآآآه... آآآخخخخخ».

الغُراب: «يا لَكَ مِنْ مِسْكين!».

الدّيك: «لا تُرَدِّدْ هذه الكَلِمَةَ فَأَنا أَكْرَهُها كَثيرًا».

الغُراب: «لَكِنَّكَ مِسْكين... هاها لَقَدْ سَخِرَتْ مِنْك».

الدّيك: «مَنْ يَجْرُؤُ عَلى السُّخْرِيَةِ مِنّي؟؟؟؟؟».

الغُراب: «جَميعُها سَخِرَتْ مِنْك... فَالدّيكُ لا يَبيض...
أَنْتَ مِسْكينٌ وَمُضْحِكٌ عااااق».

الدّيك: «سَأَجْعَلُها تَدْفَعُ الثَّمَنَ غالِيًا».

الدَّجاجَةُ الطَّويلَة: «يا وَيلي! لَقَدْ فَقَدْتُ بَيْضَتي».

الدَّجاجَةُ الحَمْراء: «أَيْنَ بَيْضَتي؟؟؟ لَقَدِ اخْتَفَت!».

الدَّجاجَةُ السَّمينَة: «وَأَنا سُرِقَتْ بَيْضَتي أَيْضًا... يا إلهي».

الدّيك: «كَفى صُراخًا... لَقَدِ اسْتَعَرْتُ البَيْض... وَالدَّجاجَةُ
الَّتي سَتُخْبِرُ الجَدَّةَ سَأَنْتُفُ ريشَها بِمْنقاري الحادّ».

الغُراب: «عاااااق... أَحْسَنْتَ أَيُّها الدّيك... إنَّها خِطَّةٌ ذَكِيَّة».

13

الدّيك: «أَهْلًا بِكِ يا سَيِّدَتي... أُنْظُري! لَقَدْ وَضَعْتُ ثَلاثَ بَيْضات».

الجَدَّة: «ثَلاثُ بَيْضات؟! يا لَكِ مِنْ دَجاجَةٍ نَشيطَة».

الدّيك: «نَعَمْ يا سَيِّدَتي... أنا دَجاجَةٌ قَوِيَّة، أمّا هذه الدَّجاجاتُ فَهِي دُيوكٌ لا تَقْدِرُ عَلى وَضْعِ البَيْض».

الجَدَّة: «هِمممم... هذا واضِح... حَسَنًا سَأُعْطيكِ ثَلاثَةَ أَضْعافٍ مِنَ القَمْح»

الدّيك: «هي هي هي... لَقَدِ انْطَلَتْ عَلَيْها الحيلَة».

الغُراب: «أَحْسَنْتَ أَيُّها الدّيك... لَمْ تَعُدْ مِسْكينًا بَعْدَ الآن... هَيّا أَعْطِني نِصْفَ ما حَصَلْتَ عَلَيْهِ مِنَ القَمْح».

الدّيك: «وَلِماذا أُعْطيكَ؟».

الغُراب: «لَقَدْ ساعَدْتُك... فَلَوْلا نَصائِحي لَبَقيْتَ مِسْكينًا طَوالَ حَياتِكَ».

الدّيك: «هذا صَحيح... خُذْ حِصَّتَكَ».

الدّيك: «مَنْ هذا الرَّجُلَ يا سَيِّدَتي؟».

الجَدَّة: «إنَّهُ صاحِبُ مَدْجَنَة، يُرَبّي الدَّجاجَ وَيَبيعُ البَيْضَ في المَدينَةِ. لَقَدْ سَمِعَ أَنَّ دَجاجَةً نَشيطَةً تَضَعُ ثَلاثَ بَيْضاتٍ كُلَّ يَوْمٍ، فَجاءَ لِشِرائِها... سَيَمْنَحُني مَبْلَغًا كَبيرًا مُقابِلَ ذلِك... هَيّا تَعالَيْ مَعي».

الدّيك: «أَرْجوكِ لا تَبيعيني لَه!! فَأَنا لا أَسْتَطيعُ العَيْشَ خارِجَ القَرْيَة، إنَّ المَدْجَنَةَ سِجْنٌ لِلدَّجاج. أنا الدّيك... أُقْسِمُ إنَّني الدّيييييك... أنا الدّيييييك».

الجَدَّة: «ماذا قُلْتَ أَيُّها الكَذّاب؟ أَلَسْتَ دَجاجَة؟».

الدّيك: «لا يا سَيِّدَتي... أُنْظُري إلى عُرْفِي الأَحْمَر... وَمِنْقاري... وَصَوْتي... كوكوكوكو... كوووك كووووك كوكوكوكو... أنا الدّيك!!!».

الجَدَّة: «لَكِنَّكَ وَضَعْتَ ثَلاثَ بَيْضات... إذًا أَنْتَ دَجاجَة».